EXPOSÉ

DES

TITRES ET TRAVAUX SCIENTIFIQUES

DU

Docteur G.-C. LION

CANDIDAT A L'AGRÉGATION DES FACULTÉS DE MÉDECINE (PARIS)

(Section de pathologie interne et de médecine légale.)

CONCOURS DE JANVIER 1895

PARIS

G. STEINHEIL, ÉDITEUR

2, RUE CASIMIR-DELAVIGNE, 2

1895

TITRES SCIENTIFIQUES

Interne des hôpitaux, 1886-1889.

Chef de laboratoire de la Faculté à la clinique de l'hôpital Necker, du 1er novembre 1890 au 1er novembre 1891.

Chef de clinique de la Faculté, du 1er novembre 1891 au 1er novembre 1894.

Chef de laboratoire de la Faculté à la clinique de l'hôpital Saint-Antoine, 1er novembre 1894.

TRAVAUX SCIENTIFIQUES

I. — **Hématologie clinique** (en collaboration avec M. A. GILBERT). — *Archives générales de médecine*, novembre et décembre 1884.

II. — **Contribution à l'étude de la sclérose en plaques à forme paralytique ; de la variété hémiplégique** (en collaboration avec M. A. GILBERT). — *Archives de physiologie*, 1er juillet 1887.

III. — **Un accouchement dans le sommeil hypnotique.** — In communication de M. MESNET à l'*Académie de médecine* : séance du 12 juillet 1887.

IV. — **Rupture de l'aorte.** — *Bulletin de la Société anatomique* : décembre 1887.

V. — **Note sur deux cas de choléra nostras** (en collaboration avec M. A. GILBERT). — *France médicale*, décembre 1887.

VI. — **De quelques-unes des causes de l'athérome artériel et des scléroses viscérales.** — *Archives générales de médecine*, janvier 1888.

VII. — **Angiome fibreux du foie.** — In HANOT et GILBERT, *Études sur les maladies du foie*. Paris, 1888.

VIII. — **Sur un microbe trouvé dans un cas d'endocardite infectieuse** (en collaboration avec M. A. GILBERT). — *Comptes rendus hebdomadaires de la Société de biologie*, avril 1888.

IX. — **De la tuberculose expérimentale du foie** (en collaboration avec M. A. GILBERT). — *Comptes rendus hebdomadaires de la Société de biologie*, novembre 1888.

X. — **De la recherche des micro-organismes dans les épanchements pleuraux** (en collaboration avec M. A. GILBERT). — *Annales de l'Institut Pasteur*, décembre 1888.

XI. — **Sur un microbe trouvé dans un cas d'endocardite infectieuse** (2e note) (en collaboration avec M. A. GILBERT). — *Comptes rendus hebdomadaires de la Société de biologie*, 12 janvier 1889.

XII. — **De la syphilis médullaire précoce** (en collaboration avec M. A. GILBERT). — *Archives générales de médecine*, 1889.

XIII. — **Artérites infectieuses expérimentales** (en collaboration avec M. A. GILBERT). — *Comptes rendus des séances de la Société de biologie*, séance du 12 octobre 1889.

XIV. — **Essai sur la nature des endocardites infectieuses.** — Thèse Paris, 1890.

XV. — **Recherches histo-biologiques et étiologiques sur la trichomycose nodulaire (Piedra)** (en collaboration avec JUHEL-RÉNOY). — *Annales de dermatologie et de syphiligraphie*, 25 octobre 1890.

XVI. — **Du chimisme stomacal, ses applications à la physiologie de la digestion et à l'étude des dyspepsies.** — *Archives générales de médecine*, mars 1891.

XVII. — **Des paralysies infectieuses expérimentales** (en collaboration avec M. A. GILBERT). — *Gazette hebdomadaire de médecine et de chirurgie*, juin 1891.

XVIII. — **Deux cas d'infection générale apyrétique par le bacillus coli communis dans le cours d'une entérite dysentériforme** (en collaboration avec M. MARFAN). — *Comptes rendus des séances de la Société de biologie*, 24 octobre 1891.

XIX. — **Sur l'endocardite tuberculeuse.** — *France médicale*, n° 2, janvier 1892.

XX. — **Des paralysies produites par le bacille d'Escherich** (en collaboration avec M. A. GILBERT). — *Comptes rendus des séances de la Société de biologie*, 13 février 1892.

XXI. — **Nature asiatique du choléra de 1892.** — In clinique du professeur PETER. — *Semaine médicale*, 25 mai 1892.

XXII. — **Contribution à l'étude des bactéries intestinales** (en collaboration avec M. A. GILBERT). — *Comptes rendus des séances de la Société de biologie*, 18 mars 1893.

XXIII. — **Sur la pluralité des lésions de la syphilis médullaire** (en collaboration avec M. A. GILBERT. — *Comptes rendus des séances de la Société de biologie*, 22 avril 1893).

XXIV. — **Broncho-pneumonie à bacilles d'Eberth dans le cours de la fièvre typhoïde. De la nature des complications broncho-pulmonaires de la fièvre typhoïde.** — In Thèse G. BRUNEAU, Paris, 1893.

XXV. — **Un cas de choléra asiatique.** — In Thèse J. G. NANU, Paris, 1893.

XXVI. — **Anatomie pathologique de l'emphysème pulmonaire** (en collaboration avec M. MARFAN). — *Traité de médecine*, t. IV, p. 448, 1893.

XXVII. — **Note sur un cas d'ascite laiteuse non chyleuse.** — *Archives de médecine expérimentale et d'anatomie pathologique*, 1er novembre 1893.

XXVIII. — **Thyroïdite à pneumocoques post-pneumonique** (en collaboration avec M. BENSAUDE. — *Bulletin de la Société anatomique*, juin 1894.

XXIX. — **Sur un cas d'hémoglobinurie infectieuse.** — *Comptes rendus des séances de la Société de biologie*, décembre 1894.

XXX. — **Lymphadénie splénique leucémique transformée en lymphadénie aleucémique.** — *Comptes rendus des séances de la Société de biologie*, janvier 1895.

CLINIQUE ET ANATOMIE PATHOLOGIQUE

A. — Hématologie

Hématologie clinique (1).

Revue d'ensemble des travaux applicables à la clinique, publiés sur le sang, de 1873 à 1884.

On y trouve un exposé des procédés cliniques d'examen du sang (préparation de sang sec, préparation de sang pur, numération et chromométrie), un résumé de l'état des éléments du sang dans les différentes conditions physiologiques (âge, sexe, constitution, digestion, jeûne et inanition, etc.) et une étude complète des modifications du sang dans les différents états pathologiques, dans les maladies aiguës, dans les hémorrhagies et les maladies hémorrhagipares, dans l'anémie et la chlorose, dans les maladies chroniques, la leucocythémie et les cachexies.

Hémoglobinurie infectieuse (2).

Chez un malade qui a présenté tous les symptômes d'une infection générale avec hémoglobinurie, j'ai pu pratiquer pendant la vie, l'examen parallèle du sang et des urines, et faire, après la mort, quelques recherches anatomiques et bactériologiques.

(1) I.
(2) XXIX.

Au début les urines étaient limpides, couleur vin rouge d'Espagne, donnant au spectroscope la double raie de l'oxyhémoglobine : elles ne contenaient ni hématies, ni leucocytes, ni aucun autre élément figuré ou amorphe. Plus tard, quand se déclara la paralysie vésicale, l'urine retirée avec la sonde était noirâtre et donnait le spectre de la méthémoglobine. Ce n'est que sept jours après l'apparition de l'hémoglobinurie que se montrèrent les cylindres et les débris épithéliaux, premiers indices de la néphrite.

L'examen du sang fit voir que la coagulation était normale et que le sérum exsudé présentait une coloration rouge cerise et donnait au spectroscope la double raie de l'oxyhémoglobine. L'hémoglobinurie s'accompagnait d'hémoglobinhémie. Quelques jours avant la mort du malade l'hémoglobinhémie disparut, amenant progressivement la disparition de l'hémoglobinurie. Ce fait montrait nettement que celle-ci était consécutive à celle-là. L'apparition tardive de la néphrite, provoquée probablement par le passage de l'hémoglobine à travers le rein, en détruisant l'hypothèse d'une hémoglobinurie d'origine rénale, venait à l'appui de cette conception.

Dans une autre série d'examens j'ai pu constater que les globules rouges ne se dissolvaient pas dans le sang du malade examiné à l'état pur pendant un temps prolongé, et que toute dissolution globulaire faisait également défaut quand on diluait dans le sérum hémoglobinhémique du sang pris à un individu bien portant. Il ne semble donc pas que chez ce malade l'hémoglobinhémie ait reconnu pour cause une action du plasma ou du sérum sur les hématies.

J'ai été ainsi amené à rechercher un autre mode de production de l'hémoglobinhémie. L'examen bactériologique des différents viscères après la mort a démontré que l'organisme avait été envahi par le *proteus vulgaris*. J'ai retrouvé ce microbe dans les coupes du foie et du rein, mais en très petite quantité. Dans la rate, au contraire, la prolifération microbienne était tout à fait remarquable. La prédominance du germe infectieux au niveau de ce dernier, permet de supposer que là se faisait très probablement la destruction globulaire, cause de l'hémoglobinhémie.

Lymphadénie splénique leucémique transformée en lymphadénie aleucémique (1).

A la suite de Wunderlich, de MM. Jaccoud et Labadie-Lagrave, on tend à considérer actuellement les lymphadénies simples ou compliquées de leucémie comme des modalités d'une même entité morbide. L'un des arguments les plus importants qui aient été apportés à l'appui de cette conception, est très certainement la production de faits dans lesquels une lymphadénie primitivement simple s'est associée ultérieurement à la leucocythémie. La preuve contraire, celle d'une lymphadénie leucémique se transformant en lymphadénie aleucémique, restait à faire.

Un homme de 35 ans entre à l'hôpital avec une rate énorme et quelques ganglions disséminés au niveau du cou et dans les plis des aines. Son sang contient 297,000 globules blancs par millimètre cube et des globules rouges à noyau.

Ce malade est soumis au traitement arsenical intensif à l'aide d'injections sous-cutanées de liqueur de Fowler dans laquelle on a remplacé l'eau de mélisse par de l'eau de laurier-cerise. En moins d'une semaine, le nombre des globules blancs tombe à 30,000; les globules rouges à noyau persistent. En un mois et demi, la leucémie a totalement disparu; on ne trouve plus de globules rouges à noyau; la rate a considérablement diminué de volume; l'état général est devenu excellent. Le malade sort de l'hôpital. Mais il est, quelques jours plus tard, pris d'accidents pulmonaires et revient avec de la toux, une expectoration abondante, de la fièvre. L'examen des crachats écarte l'idée de tuberculose, bien que les signes stéthoscopiques prédominent aux sommets, que la fièvre prenne les caractères de la fièvre hectique, que la cachexie fasse des progrès rapides et que les doigts du sujet deviennent hippocratiques. Enfin, une pleurésie droite se déclare, qui, après trois ponctions nécessitées par la dyspnée progressive, passe à la puru-

(1) XXX.

lence. La mort arrive cinq mois après la première entrée du malade à l'hôpital, et plus de trois mois après la disparition de la leucémie, celle-ci ne s'étant pas reproduite pendant la seconde phase de l'affection.

A l'autopsie, la rate pèse 1,290 gr. On trouve des lymphadénomes dans les poumons et dans les deux reins.

B. — Maladies de l'appareil cardio-vasculaire

Nature des endocardites infectieuses (1).

L'endocardite infectieuse considérée tour à tour comme une maladie locale, puis comme une maladie générale à localisation endocardiaque, a passé longtemps pour être une affection spéciale, une véritable entité morbide. M. Jaccoud et son élève, M. Netter, ont établi les premiers qu'elle n'était en réalité qu'une manifestation commune à des variétés nombreuses d'infections et *qu'il n'y avait pas une endocardite infectieuse, mais des endocardites infectieuses*. Tous les travaux bactériologiques modernes sont venus confirmer cette assertion.

Les endocardites infectieuses résultent de l'action directe des microbes sur les valvules. C'est là un point nettement établi par l'examen des végétations qui révèle la présence de micro-organismes à leur niveau, par les essais de cultures qui ont permis d'isoler ces micro-organismes et d'en déterminer les variétés, par l'expérimentation qui a montré que l'on pouvait reproduire pareilles lésions chez les animaux en injectant une certaine quantité de culture dans le torrent circulatoire, soit que les valvules aient été lésées mécaniquement, soit même qu'elles aient été laissées intactes, *comme nous l'avons pu faire les premiers avec toute la rigueur scientifique, M. Gilbert et moi.*

Les microbes pénètrent dans l'économie par diverses voies

(1) XIV.

dont j'ai donné l'énumération en m'appuyant sur les observations publiées jusqu'en 1890.

Le mode d'implantation des microbes sur les valvules est double : tantôt les bacilles se déposent à la surface des valves, tantôt ils pénètrent dans les parties profondes de ces dernières par l'intermédiaire des vaisseaux propres, qui, s'ils n'existent pas à l'état normal, peuvent prendre un grand développement à l'état pathologique. La prédilection des endocardites infectieuses pour le cœur gauche tient uniquement à ce fait que les microbes qui leur donnent naissance sont pour la plupart aérobies.

Les endocardites infectieuses peuvent être classées d'après les microbes qui en déterminent l'apparition. J'ai proposé la division suivante qui n'est qu'une division d'attente, mais qui a déjà été reproduite par divers auteurs (voir Hanot, *Endocardites*, édition Léauté).

A. — Endocardites produites par des microbes non encore rencontrés dans d'autres affections.

Ce groupe est le moins considérable. On y trouve les endocardites déterminées par :

1° Un nouveau bacille par nous décrit ;

2° Le bacillus endocarditis griseus de Weichselbaum ;

3° Le micrococcus endocarditis rugatus de Weichselbaum ;

4° Le bacillus endocarditis capsulatus de Weichselbaum ;

5° Un bacille immobile, fétide, de Fraenkel et Saenger ;

6° Un bacille non cultivable de Weichselbaum.

B. — Endocardites produites par le microbe spécifique d'une maladie déterminée.

Ce groupe est constitué par :

1° Les endocardites à microbes pyogènes proprement dits, qui peuvent se développer dans le cours de la pyohémie ou de la septicémie (staphylococcus pyogenes albus et aureus, streptococcus pyogenes), dans le cours de l'érysipèle ou de la fièvre puerpérale (streptococcus pyogenes).

C'est dans cette catégorie que se rangent les endocardites par infection secondaire, telles qu'on peut les rencontrer dans les fièvres éruptives, dans la fièvre typhoïde, etc. ;

2° L'endocardite pneumonique, qui est peut-être la mieux établie et la mieux connue aujourd'hui ;

3° L'endocardite de la fièvre typhoïde (forme à bacille typhique)

4° L'endocardite tuberculeuse ;

5° Probablement aussi les endocardites suivantes, dont les recherches bactériologiques n'ont pas encore démontré absolument la nature :

L'endocardite rhumatismale ;

L'endocardite blennorrhagique ;

L'endocardite palustre ;

Les endocardites des fièvres éruptives ;

L'endocardite diphtérique ;

dans les cas où ces endocardites ne sont pas consécutives à une septicémie ou à une pyohémie secondaire.

Ces différentes variétés d'endocardites infectieuses présentent des caractères anatomo-pathologiques et cliniques un peu différents que je me suis efforcé de mettre en lumière dans mes descriptions. J'indiquerai plus spécialement les chapitres qui concernent l'endocardite pneumonique, l'endocardite tuberculeuse, l'endocardite typhique, l'endocardite rhumatismale et l'endocardite blennorrhagique.

Sur l'endocardite tuberculeuse (1).

Les lésions endocardiaques que l'on rencontre chez les tuberculeux ne sont généralement pas assez considérables pour se traduire pendant la vie par des phénomènes stéthoscopiques appréciables ; elles doivent être recherchées sur le cadavre.

Elles se montrent de préférence dans les tuberculoses à marche rapide, mais elles peuvent également, comme je l'ai montré, se

(1) XIV, XIX.

rencontrer dans les tuberculoses à marche chronique (trois fois sur huit à l'autopsie de phtisiques pris au hasard).

Elles siègent le plus ordinairement sur la valvule mitrale et sont représentées par des traînées de petites végétations qui occupent les facettes de contact des valves.

Ces traînées de végétations apparaissent à la loupe comme formées d'un grand nombre de granulations très fines. Il est exceptionnel que les végétations soient volumineuses ou s'accompagnent d'ulcérations.

Les lésions endocardiaques ne présentent dans leur structure histologique rien qui puisse en caractériser nettement la nature. Il n'existe qu'un cas dans lequel on ait pu constater l'existence du follicule tuberculeux, c'est celui de R. Tripier.

La bactériologie permet de distinguer parmi les endocardites que l'on rencontre chez les tuberculeux : a) des endocardites par infection secondaire caractérisées par la présence dans les végétations de germes variables autres que le bacille de Koch ; *b*) des endocardites tuberculeuses avec bacille tuberculeux dont il existe un cas de Cornil, cinq de Heller, et un qui m'est personnel ; *c*) des endocardites sans germes d'aucune sorte, qui pourraient bien être des endocardites à bacilles tuberculeux dans lesquelles le germe a disparu, ou encore a passé inaperçu (les bacilles sont, en effet, en très petit nombre et il faut passer en revue un grand nombre de coupes avant d'en apercevoir un).

Rupture de l'aorte ; angiomes fibreux du foie (1).

Rupture siégeant sur la face antérieure de l'aorte, à un centimètre au-dessus des valvules sigmoïdes, et représentée par une fente à lèvres nettement découpées formant une sorte de feston ou d'angle droit à sinus arrondi. L'un des côtés de l'angle était vertical, l'autre horizontal, chacun d'eux mesurait 2 centim. de longueur.

Le sang avait fait irruption dans le péricarde. Il s'était infiltré

(1) IV, VII.

en haut sous la tunique externe de l'aorte, fusant jusque dans la région thoracique et formant ainsi un énorme anévrysme disséquant.

On trouvait dans le foie trois tumeurs du volume d'un œuf de pigeon, de coloration noirâtre, qui au microscope présentaient la structure des angiomes fibreux.

C. — Maladies du système nerveux

Sclérose en plaques à forme hémiplégique (1).

Cette étude repose sur les observations de Vulpian, Guttmann, Jolly, Werner, Marie, Babinski, et sur une septième observation, avec examen microscopique.

L'hémiplégie se développe progressivement, s'installant d'abord dans un membre pour se compléter plus ou moins tardivement. Une fois confirmée, elle est partielle et reste confinée aux membres, ou bien elle est totale et gagne également la face. Elle se complique souvent de contraction et d'atrophie musculaire. Les troubles de la sensibilité sont possibles mais rares.

La forme partielle peut rester telle jusqu'à la mort qu'entraînent les troubles trophiques ou la phtisie pulmonaire. La forme totale au contraire ne tarde pas à se compliquer de phénomènes encéphaliques ; l'hémiplégie faciale est comme le signe précurseur de la généralisation des paralysies et de l'apparition des phénomènes cérébraux.

C'est dans l'apparition des paralysies multiples et des troubles cérébraux que se trouve le signe diagnostic le plus précieux de la sclérose en plaques qui simule l'hémiplégie. En dehors de ces phénomènes elle ne présente, en effet, rien qui la distingue d'une façon certaine de l'hémiplégie vulgaire.

Il y a concordance absolue entre le siège des plaques de sclérose

(1) II.

et la localisation des troubles de la motilité. Mais l'examen histologique ne permet pas d'expliquer pourquoi les plaques de sclérose qui, dans les formes classiques, se traduisent cliniquement par du tremblement, donnent naissance, dans certaines formes anormales, à des accidents paralytiques; en effet, les lésions sont les mêmes dans les deux cas, et se caractérisent par la persistance des cylindres-axes et l'absence de dégénération secondaire dans les faisceaux de la moelle des parties non sclérosées.

Dans notre observation, une escarre, siégeant à droite dans la région sacrée, était probablement en rapport avec une plaque de sclérose qui décapitait la corne postérieure du côté gauche.

Syphilis médullaire précoce (1).

Dans un premier mémoire qui repose sur 5 observations inédites dont une avec examen microscopique et sur 51 observations empruntées à la littérature médicale, nous avons donné une description étiologique, clinique et anatomo-pathologique de la syphilis médullaire précoce. En voici le résumé :

Dès le troisième mois de l'infection syphilitique, la moelle épinière et ses enveloppes deviennent, dans certains cas, le siège de lésions dont la spécificité peut être établie par la notion des antécédents morbides d'un côté et de l'autre soit par l'influence curatrice du traitement, soit par les résultats de l'investigation nécropsique et histologique.

Relativement plus fréquentes du troisième au sixième mois de la maladie que dans les mois ultérieurs, ces lésions, jusqu'à la fin de la deuxième année, méritent d'être conventionnellement réunies sous la désignation de *syphilis médullaire précoce*.

Elles appartiennent principalement aux syphilis imparfaitement traitées, qui se font remarquer par la confluence et la ténacité des éruptions, aussi bien que par l'addition aux accidents secondaires d'accidents intermédiaires et tertiaires.

(1) XII, XXIII.

Elles frappent à peu près exclusivement les individus du sexe masculin sans l'intervention habituelle de l'action du froid, de l'humidité, de la fatigue, des excès vénériens ou d'autres causes occasionnelles.

Des douleurs rachidiennes, des sensations de constriction thoracique ou abdominale, des élancements dans les membres inférieurs et d'une façon générale des troubles sensitifs divers marquent le plus souvent le développement de la syphilis médullaire précoce ; des phénomènes paraplégiques ordinairement accompagnés par l'exagération du réflexe patellaire et quelquefois des désordres de la miction et de la défécation peuvent également signaler le début des accidents.

Ces symptômes différents s'associent bientôt pour caractériser l'altération méningo-médullaire parvenue à sa phase d'état.

Parfois ils ne se circonscrivent pas aux membres inférieurs, mais s'étendent aux quatre membres ; par exception même, ils frappent d'abord les membres supérieurs.

Ils sont, dans certains faits, accompagnés et dominés par des manifestations cérébrales (*syphilis cérébro-spinale précoce*).

L'intervention, peu commune d'ailleurs, du tremblement et du nystagmus, de l'ataxie des mouvements, de l'abolition du réflexe rotulien et de l'amblyopie, de l'atrophie musculaire ou d'autres phénomènes morbides, peut modifier assez profondément le tableau clinique pour imposer l'idée d'une ataxie locomotrice progressive par exemple, ou d'une sclérose en plaques disséminées.

L'évolution de la syphilis médullaire précoce est aiguë, subaiguë ou chronique, continue et progressive, ou entrecoupée par des rémissions et même par des phases de rétrocession complète, en apparence.

Dans la moitié des cas elle se termine par la guérison à laquelle conduit fréquemment le traitement mixte, rapidement, énergiquement et longuement pratiqué. Dans les autres cas, elle se termine soit par la chronicité et l'incurabilité, soit par la mort, marquée par des symptômes bullaires ou occasionnée par des escarres et des plaques de gangrène disséminées.

La diversité des lésions rencontrées à l'autopsie et à l'examen microscopique conduit à distinguer dans la syphilis médullaire précoce quatre types anatomo-pathologiques auxquels pourraient être appliquées les désignations de *méningo-myélite hyperhémique et nécrobiotique*, de *méningo-myélite diffuse embryonnaire*, de *méningo-myélite diffuse scléreuse* et de *méningo-myélite gommeuse*.

La *méningo-myélite hyperhémique et nécrobiotique* est caractérisée par une congestion et peut-être par une multiplication des vaisseaux de la moelle et de ses enveloppes, congestion et multiplication qui engendrent des troubles nutritifs dans les éléments de l'axe nerveux et définitivement le ramollissement de la moelle épinière.

Dans la *méningo-myélite embryonnaire* apparaissent l'hyperplasie cellulaire, la diapédèse, les exsudations vasculaires, et si les lésions macroscopiques sont nulles ou presque nulles, les lésions histologiques sont représentées par une prolifération luxuriante de jeunes cellules dans les parois vasculaires et dans la trame même de la pie-mère et de ses prolongements intra-médullaires, ainsi que par la production d'un dépôt fibrino-leucocytique sous-pie-mérien.

Que les cellules rondes disséminées dans la moelle et ses enveloppes poursuivent leur évolution aboutissant à la formation d'un tissu adulte, et les méninges s'épaissiront, se symphyseront, la moelle s'indurera, et le microscope montrera la substitution aux éléments normaux méningo-médullaires d'un tissu fibreux, principalement développé autour des vaisseaux dont les parois subissent des altérations notables dans la *méningo-myélite diffuse scléreuse*, comme dans les modalités précédentes de la syphilis médullaire.

Que d'autre part, enfin, les cellules rondes s'accumulent sur certains points, sous forme de petites tumeurs subissant ensuite les dégénérescences propres aux productions syphilitiques nodulaires, et prendront naissance, la méningite gommeuse, la myélite gommeuse ou la *méningo-myélite gommeuse*.

Dans un mémoire, lu en 1893 à la Société de biologie, nous revenions sur les formes anatomiques que nous avions distinguées en 1889 et nous montrions que notre division devait être complétée par l'addition de l'artérite syphilitique dont l'existence dans la moelle avait été démontrée par les observations plus récentes de Jurgens, Möller, Sottas. Mais nous nous élevions contre la tendance que manifestaient certains auteurs à faire de la lésion vasculaire le processus primordial unique des myélites syphilitiques. Nous insistions à nouveau sur la méningo-myélite embryonnaire diffuse, et signalions que notre description avait été confirmée par celles de Gajkiewicz et de Siemerling.

Un accouchement dans le sommeil hypnotique (1).

Une jeune femme de 22 ans, primipare, hystérique, depuis longtemps éduquée et s'endormant avec la plus grande facilité, supporte très impatiemment les premières douleurs de l'accouchement. Je l'endors et lui suggestionne qu'elle ne souffre plus. Les douleurs se calment aussitôt et pendant trois heures et demie que dure la dilatation du col, elles sont nulles ou facilement calmées par la persuasion. Mais dès que la tête s'engage, que la période d'expulsion commence, les douleurs reparaissent, très violentes et rien ne peut les calmer. Toutefois la malade reste en état de somnambulisme. Je ne la réveille qu'une fois la délivrance opérée. Elle ignore qu'elle a accouché ; elle ne se souvient de rien.

D. — Maladies de l'appareil respiratoire

Recherche des micro-organismes dans les épanchements pleuraux (2).

A l'aide d'un dispositif spécial permettant de recueillir de grandes quantités de liquides pleurésiques sans intervention possible de

(1) III.
(2) X.

germes étrangers, nous avons recherché les micro-organismes dans vingt épanchements pleuraux.

Les 17 premiers faits relatifs à des pleurésies séro-fibrineuses ont tous donné des résultats négatifs pour ce qui est de la recherche du bacille de Koch, soit par les ensemensements sur la gélose ou dans le bouillon glycérinisés, soit par inoculation aux cobayes, et pourtant sept d'entre eux étaient manifestement de nature tuberculeuse, comme cela ressortait de la marche de la maladie ou fut même démontré par l'autopsie. De ces 17 épanchements, 15 étaient complètement stériles, 2 seulement fournirent des cultures de staphylocoques.

Les trois derniers cas comprenaient une observation de pleurésie purulente qui donna une culture d'un microcoque ne se développant qu'à la température de l'étuve sous forme de colonies extrêmement petites, et deux pleurésies rhumatismales dont l'une contenait un microbe en chaînettes contournées, remarquable par son existence éphémère, qui existait également dans le sang et les épanchements articulaires et que nous avons pu retrouver dans le sang et les urines de deux autres rhumatisants.

Emphysème pulmonaire (1).

On trouve au niveau des alvéoles pulmonaires forcés des poumons emphysémateux des cloisons interacineuses et interfundibulaires rompues dont les fragments présentent un aspect tout spécial que j'ai étudié avec M. Marfan. Ces fragments se présentent comme des moignons rétractés dont l'extrémité libre, renflée en massue, est recouverte par deux ou trois cellules épithéliales ; dans ces moignons on voit souvent des fibres élastiques ondulées ou spiroïdes. Ailleurs ces cloisons rompues au lieu d'être renflées en massue à leur extrémité libre, se terminent par un pinceau de fibrilles dont la section est nette.

(1) XXVI.

Broncho-pneumonie typhique à bacille d'Eberth (1).

Broncho-pneumonie compliquant une fièvre typhoïde. Le suc pulmonaire, recueilli à l'aide d'une seringue de Colin-Straus stérilisée, m'a donné des cultures pures de bacilles d'Eberth.

Ce cas est rapporté dans la thèse de M. G. Bruneau que j'ai inspirée. On trouve dans ce travail une étude critique intéressante de la nature des complications broncho-pleuro-pulmonaires de la dothiénentérie.

E. — Maladies du tube digestif

Choléra nostras (2).

Relation de deux faits de choléra nostras, l'un foudroyant, l'autre prolongé et accompagné de roséole cholérique.

A l'autopsie du cas foudroyant les lésions apparaissent en tout semblables à celle du choléra asiatique. L'examen bactériologique ne peut faire découvrir ni le bacille en virgule de Koch, ni le bacille de Finkle et Prior. Sur les coupes et dans les cultures faites avec le contenu intestinal, prédomine un bacille droit liquéfiant rapidement la gélatine.

Choléra asiatique (3).

Le premier, j'ai affirmé la nature asiatique du choléra qui a sévi dans la banlieue de Paris en 1892. Le cas qui m'a permis de faire cette démonstration est relaté en détail dans la thèse de M. Nanu que j'ai inspirée et dont j'ai dirigé la rédaction.

(1) XXIV.
(2) V.
(3) XXI, XXV.

Entérite dysentériforme (1).

Deux vieillards, venus de l'asile de Nanterre, entrent à l'hôpital Necker à quelques jours d'intervalle. Ils meurent tous deux après avoir présenté les signes de la dysenterie, et, à l'autopsie, on trouve sur le gros intestin les ulcérations caractéristiques de cette maladie. Le suc des ganglions mésentériques, le liquide péricardique et le sang du cœur gauche ont fourni des cultures pures de *bacillus coli communis*.

Ascite laiteuse non chyleuse (2).

Les travaux de MM. Straus, Letulle, Péré, Depois et Lancereaux, semblaient avoir établi une synonymie absolue entre les termes d'ascite laiteuse et d'ascite chyliforme. J'ai montré que l'ascite laiteuse n'était pas forcément graisseuse et qu'à côté de l'épanchement chyliforme il y avait place pour une autre variété, de nature spéciale, conséquence de la production et de la dissolution d'une substance albuminoïde très voisine de la caséine.

Physiquement cet épanchement ascitique se caractérise par sa couleur blanche, légèrement opaline et sa complète ressemblance avec le lait, par sa fluidité parfaite, et surtout par les deux caractères suivants : la filtration ne lui fait perdre aucun de ses attributs ; laissé en repos dans un vase, il garde son aspect primitif, il ne se clarifie pas, ne se sépare pas en plusieurs couches.

Histologiquement, il est remarquable par l'absence totale de globules huileux en suspension, par l'existence de cellules néoplasiques isolées ou en amas.

Chimiquement, il présente une réaction alcaline, ne cède aucune substance grasse à l'éther, ne se coagule ni par l'action de la chaleur, ni par l'addition d'acide acétique à froid, se précipite par l'alcool.

(1) XVIII.
(2) XXVII.

Le précipité par l'alcool, soumis à l'ébullition prolongée dans l'eau additionnée d'un acide fort, se dédouble en une matière albuminoïde et une substance dissoute qui jouit de la propriété de réduire la liqueur cupro-potassique.

Ces différents caractères rangent la substance albuminoïde contenue dans le liquide d'ascite parmi les glyco-protéides d'Hammarsten.

Le liquide de l'ascite laiteuse non chyleuse se distingue donc de celui de l'ascite chyliforme : physiquement, parce qu'il ne se sépare pas comme ce dernier par le repos en deux couches, l'une inférieure claire, l'autre supérieure crémeuse ; microscopiquement, parce qu'il ne contient aucun globule graisseux en suspension ; chimiquement, parce qu'il doit son aspect non à de la graisse, mais à la dissolution d'une substance spéciale très voisine de la caséine.

La pathogénie de l'ascite laiteuse non chyleuse est assez simple à concevoir. Les alvéoles cancéreux s'ouvrent dans le péritoine, et y déversent non seulement des éléments dégénérés mais aussi des éléments vivaces qui peuvent vivre pendant un certain temps dans le liquide d'ascite, proliférer et subir à un moment donné la dégénérescence et la fonte.

F. — Varia.

Thyroïdite à pneumocoques post-pneumonique (1).

En pleine convalescence d'une pneumonie lobaire aiguë, un individu est repris de fièvre, accuse une douleur au niveau du cou et l'on voit le corps thyroïde grossir d'une manière progressive. On ponctionne la tumeur à l'aide d'une seringue stérilisée et l'on recueille du pus riche en pneumocoques, comme on s'en assure par l'examen direct et les cultures sur gélose. Deux souris inoculées sous la peau avec quelques gouttes du pus ne meurent, l'une qu'au

(1) XXVIII.

bout de 50 à 60 heures, l'autre au bout de 80 heures. Le pneumocoque cause de la complication était donc très atténué. Le malade fut guéri rapidement par l'incisien.

De la trichomycose nodulaire (Piedra) (1).

Avec mon regretté maître, M. le Dr Juhel-Rénoy, j'ai eu l'occasion d'étudier des cheveux atteints de Piedra, que nous avait envoyés le Dr Andrès Posada-Arango de Médellin.

J'ai obtenu, dès 1888 (voir Juhel-Rénoy. *Ann. de derm. et de syph.*, p. 777), des cultures du champignon parasite que j'ai étudié en détail dans un mémoire publié en 1890.

J'ai décrit l'aspect des cultures sur milieux liquides et donné des photographies de cultures sur milieux solides. J'ai également décrit et photographié les différentes formes sous lesquelles se présente le champignon, formes levûres, formes mycéliennes. Enfin j'ai essayé l'action de la chaleur, de l'iode, de l'éther de pétrole, du sublimé, et suis arrivé à cette conclusion que des lotions répétées avec la solution de sublimé au millième employée aussi chaude que possible, amèneraient rapidement la guérison de la maladie.

(1) XV.

BACTÉRIOLOGIE
ET MÉDECINE EXPÉRIMENTALE

A. — Bactériologie

Microbe trouvé dans un cas d'endocardite (1).

J'ai découvert ce microbe chez une malade morte dans le service de mon maître M. Mesnet, à l'Hôtel-Dieu. Je l'ai étudié avec M. Gilbert, au laboratoire de M. Duclaux, à l'Institut Pasteur. C'est un microbe qui pousse bien sur tous les milieux employés ordinairement en bactériologie; dans le bouillon, il donne naissance à un trouble puis à un dépôt assez abondant; sur la gélatine, qu'il ne liquéfie pas, il forme un voile mince, bleuâtre, par transparence : sur la gélose, il se développe en une couche jaunâtre un peu épaisse; sur la pomme de terre, il forme une culture saillante, jaunâtre au début, puis jaune foncé et brunâtre.

Morphologiquement, il se présente comme un bacille *immobile*. Ce bacille est très court et peut être facilement pris pour un microcoque dans les cultures toutes récentes; il affecte des dimensions et des longueurs variables (bâtonnets, filaments indivis, filaments segmentés) dans les cultures plus âgées; il disparaît presque complètement et est remplacé par une infinité de granulations dans les cultures très anciennes.

Il prend facilement les matières colorantes, mais se décolore par les méthodes de Gram, de Weigert, de Lœffler, d'Ehrlich; de là une grande difficulté pour le rechercher dans les tissus.

Par une étude expérimentale prolongée (je rapporte dans ma

(1) VIII, XI, XIV.

thèse les observations de 38 lapins), nous avons déterminé l'action pathogène de ce microbe.

Il donne naissance, suivant le degré de virulence des cultures, à trois types cliniques principaux : un type aigu ou méningitique, un type subaigu ou paralytique, un type bénin. Le premier type a pour substratum anatomique des lésions de méningite, le second se manifeste malgré une intégrité apparente de la moelle et de ses enveloppes, le troisième crée les conditions les plus favorables au développement de l'endocardite et de l'aortite.

Stérilisées à la température de 120°, les cultures du microbe d'endocardite fournissent un liquide doué de propriétés toxiques et vaccinales remarquables. Il suffit parfois d'injecter dans la veine de l'oreille d'un lapin 2 c. c., 2 de ce liquide, pour déterminer l'apparition de convulsions généralisées; pousse-t-on l'injection jusqu'à la dose de 3 à 5 c. c. par kilogramme, on voit la mort se produire en quelques secondes. Si l'on arrête l'injection juste au moment où les convulsions commencent à se produire, l'animal, après quelques jours de tristesse et d'inappétence, se rétablit complètement. On peut ainsi estimer la dose toxique du liquide et l'injecter à doses répétées et graduées de façon à ne pas déterminer d'accidents mortels. Les injections ainsi pratiquées confèrent l'immunité au lapin, mais cette immunité n'a qu'une durée limitée ; elle persiste huit à dix mois.

Étude des bactéries intestinales (1).

Le bacterium coli commune, tel qu'il a été défini tout d'abord par Escherich, est un microbe doué d'une faible mobilité, ne liquéfiant pas la gélatine, donnant sur pomme de terre une culture de coloration jaune maïs, faisant fermenter le sucre de raisin, et produisant chez les animaux une maladie rapidement mortelle, caractérisée par la diarrhée, la somnolence et le coma. A ces caractères, on a ajouté depuis la propriété de produire de l'indol dans les milieux peptonisés.

(1) XXII.

Nos recherches ont eu pour résultat de montrer que l'intestin n'est pas l'habitat d'un hôte unique, et qu'à côté du bacterium coli commune, muni de tous les caractères spécifiés plus haut, on y rencontre toute une série de microbes qui s'éloignent, à des degrés variables, du type parfait. Nous avons examiné les selles de 15 individus. Des cultures sur plaques, des isolements soignés, l'ensemencement des microbes isolés sur différents milieux, l'étude de la mobilité, la recherche de la réaction de l'indol, celle de l'action fermentative sur la lactose et coagulatrice sur le lait nous ont permis de distinguer les variétés qui constituent le tableau suivant :

Mobiles.	Très mobiles.	Font fermenter la lactose et coagulent le lait.		Réaction de l'indol.	Positive.	Extrêmement.	3 fois
						Très..........	1 —
						Net...........	1 —
						Peu...........	0 —
					Négative...............		2 —
	Peu mobiles..	Font fermenter la lactose et coagulent le lait		Réaction de l'indol.	Positive.	Extrêmement.	0 fois.
						Très..........	1 —
						Net...........	0 —
						Peu...........	2 —
					Négative...............		1 —
		Ne font pas fermenter la lactose et ne coagulent pas le lait.		Réaction de l'indol..		Net...........	1 fois.
Immobiles.		Font fermenter la lactose et coagulent le lait.	Cultures épaisses.	Réaction de l'indol.	Positive..	Très..........	3 fois.
					Négative...............		1 —
			Cultures minces	Réaction de l'indol.	Positive.	Très..........	3 fois.
						Net...........	2 —
					Négative...............		1 —
		Ne font pas fermenter la lactose ni coaguler le lait		Réaction de l'indol..................		Nulle.........	2 fois.

On voit que si l'on tenait compte de l'existence, de la non-existence, de l'intensité des différentes fonctions ou propriétés, on pourrait créer toute une série de types s'écartant progressivement du bacterium coli jusqu'à en différer au point de n'avoir plus de communs avec lui que les caractères grossiers des cultures sur milieux solides. Mais ces fonctions et propriétés ont-elles toutes la même valeur et offrent-elles une importance assez considérable pour permettre de créer, suivant que l'une d'entre elles est présente ou absente, des types différents? C'est un point que des recherches patientes permettront seules d'élucider.

Il est toutefois une propriété qui nous a paru avoir une importance capitale, c'est la mobilité. On peut voir, d'après le tableau, que nous avons rencontré dans l'intestin un nombre sensiblement égal de types mobiles et immobiles. Escherich a trouvé dans les selles des enfants nourris au sein un bacille qu'il distingue du bacterium coli par son immobilité, et qu'il assimile au bacille du lait aigri, d'abord décrit par Pasteur puis étudié par Hueppe. Nous avons examiné un échantillon de lait d'hôpital et nous en avons pu isoler les trois variétés suivantes :

L^1 immobile ; fait fermenter la lactose et coagule le lait ; réaction de l'indol forte.

L^2 immobile ; fait fermenter la lactose et coagule le lait ; réaction de l'indol nulle.

L^3 très mobile ; fait fermenter la lactose et coagule le lait ; traces à peine appréciables d'indol.

Il semblerait donc, d'après ce seul examen, que le lait, pas plus que les fèces, ne sert de milieu de culture à un type microbien unique. Des recherches plus étendues montreraient probablement qu'on peut y rencontrer les différentes variétés trouvées dans ces dernières, et rien, du reste, n'est plus aisé à expliquer.

L'intestin ne reçoit-il pas ses germes des aliments et particulièrement de l'eau et du lait ingérés? D'autre part, le lait lui-même n'est-il pas souillé dès sa sortie des trayons par des mains impures?

Il y a là un cercle non interrompu d'inoculations successives qui transportent continuellement les mêmes germes du lait à l'intestin et de l'intestin au lait.

B. — Médecine expérimentale

Endocardites végétantes, infectieuses expérimentales (1).

Neuf fois les injections de cultures pures du bacille d'endocardite dans la veine de l'oreille du lapin ont donné naissance à des endocardites végétantes sans qu'il ait été nécessaire de léser préalablement les valvules. Les végétations siégeaient presqu'exclusivement sur les rebords auriculo-ventriculaires ; elles se sont développées aussi dans quelques cas sur les cordages tendineux, et une fois à la surface de l'oreillette. Elles étaient de nombre et de volume variables ; dans certains cas elles ont présenté des dimensions vraiment remarquables.

Un fragment de ces végétations, dissocié et écrasé entre deux lamelles, puis coloré à l'aide d'une solution aqueuse de violet laissait voir une grande quantité de micro-organismes.

Aortites infectieuses expérimentales (2).

Elle ont été obtenues à l'aide du bacille d'endocardite sans lésion traumatique préalable du vaisseau et à l'aide du bacille typhique consécutivement à l'action d'un stylet introduit dans l'aorte par la carotide droite.

La lésion était caractérisée, à l'œil nu, par l'épaississement des parois vasculaires dont la face interne était hérissée de saillies mamelonnées discrètes ou confluentes ou même de végétations pouvant atteindre les dimensions d'une lentille.

Histologiquement, on voyait, disposées au sein d'un tissu conjonctif scléreux, creusé de vacuoles rappelant celles du tissu cartilagineux et contenant comme celles-ci des éléments cellulaires, des plaques vitreuses, friables, irrégulièrement opacifiées par des fentes et des granulations noires. Ces plaques ne se coloraient pas

(1) VIII, XIV.
(2) XIII, XIV.

par les divers réactifs colorants et se dissolvaient aisément dans l'acide chlorhydrique en faisant effervescence. Bref, il s'agissait là d'une *transformation scléro-calcaire des parois artérielles*. On ne peut se défendre de rapprocher ces lésions de celles, qui, chez l'homme, sont communément réunies sous l'appellation d'athérome artériel, et de voir, dans ces expériences, la preuve du rôle joué par les maladies infectieuses dans l'étiologie de telles altérations vasculaires.

Méningites infectieuses expérimentales (1).

Sur 21 lapins inoculés, avec des cultures très virulentes du bacille d'endocardite, 15 sont morts très rapidement et ont présenté à l'autopsie des lésions de méningite véritablement remarquables. Aussitôt après l'inoculation, l'animal se blottit dans sa cage et cesse de manger. Le train postérieur s'affaiblit puis se paralyse complètement, ou devient le siège de contractions, de soubresauts, de tremblement. Enfin la respiration s'accélère, devient suspirieuse; tout le corps est agité de convulsions, et l'animal meurt, souvent dans l'espace de quelques minutes, en poussant des cris aigus et en mordant les barreaux de sa cage. Toute la maladie évolue en un à cinq jours, rarement en onze ou treize jours.

A l'autopsie, tantôt on trouve un épanchement sanguin qui occupe les méninges depuis la protubérance jusqu'à la région lombaire, tantôt il n'y a pas d'altération appréciable à l'œil nu et le microscope seul permet de découvrir, dans la cavité de l'arachnoïde, l'existence d'un exsudat fibrino-leucocytique.

La *méningite hémorrhagique* n'a été rencontrée que quatre fois. L'épanchement sanguin forme une gaine hémorrhagique complète autour de la protubérance, du bulbe et de la moelle, se prolongeant en haut à travers le quatrième ventricule et l'aqueduc de Sylvius jusqu'aux ventricules latéraux, descendant en bas jusqu'à la région lombaire. Au microscope, on reconnaît que le sang est infiltré dans la cavité arachnoïdienne et l'espace sous-arachnoïdien. De la protubérance à la partie inférieure de la moelle,

(1) VIII, XIV.

il infiltre tout et cache tous les détails histologiques. Dans la région lombaire où il ne forme qu'un épanchement incomplet, on reconnaît qu'à côté de l'hémorrhagie, il existe un degré plus ou moins marqué de méningite exsudative.

La *méningite exsudative* a été rencontrée dix fois sur les onze cas restants. Elle se caractérise par la présence, à l'intérieur de la cavité arachnoïdienne, d'un exsudat formé de fibrine réticulée et de cellules rondes, granuleuses, se colorant à peine par le carmin. Les mêmes cellules rondes infiltrent la pie-mère, ainsi que les prolongements qu'elle fournit aux sillons antérieur et postérieur de la moelle ; elles remplissent par places, au point de le distendre notablement, le canal de l'épendyme.

Paralysies infectieuses expérimentales (1).

Nous avons vu se développer ces paralysies chez des lapins inoculés avec le bacille d'endocardite, le bacterium coli commune, le staphylocoque doré et le tubercule humain.

Celles qui suivent l'inoculation du bacille d'endocardite sont remarquables par l'absence de toute lésion macroscopique et microscopique de l'axe médullaire, celles qui sont la conséquence de l'action du bacille d'Escherich reconnaissent, au contraire, pour cause une véritable poliomyélite.

Paralysies infectieuses sine materia. — Elles succèdent aux inoculations de cultures virulentes du bacille d'endocardite une fois sur trois environ.

Les animaux cessent de manger et maigrissent jusqu'à perdre plus du tiers de leur poids. Il semble qu'ils vont mourir, quand, tout à coup, ils se mettent de nouveau à manger et engraissent sans cependant reprendre leur poids primitif. On a alors l'illusion d'une guérison prochaine. Mais bientôt on voit apparaître l'exagération des réflexes cutanés et des phénomènes paralytiques, qui affectent le plus souvent la forme paraplégique, mais peuvent aussi présenter la forme monoplégique et s'étendre progressivement aux différentes parties du corps, n'envahissant qu'en dernier

(1) VIII, XI, XIV, XVII, XX.

lieu le cœur, le diaphragme et quelques muscles de la tête. Souillés continuellement par leurs urines et leurs matières fécales, incapables de s'alimenter, ces animaux succombent au bout de vingt à soixante-dix jours, dans un état d'amaigrissement encore plus considérable que celui qui avait marqué la première phase de la maladie.

Si les inoculations de cultures jeunes sont toujours mortelles, les inoculations de cultures plus âgées produisent parfois des phénomènes paralytiques qui peuvent rétrocéder et guérir.

L'autopsie ne permet de découvrir aucune lésion. Non seulement la moelle, mais les racines rachidiennes, les gros et petits troncs nerveux, les extrémités nerveuses intra-musculaires paraissent absolument sains. Les muscles sont également indemnes dans la majorité des cas.

Même dans les cas où la mort est très tardive, on peut, à l'aide de cultures, déceler la présence du microbe dans le système nerveux et dans les autres viscères.

Nous avons essayé de reproduire les paralysies par l'injection intra-veineuse des cultures stérilisées sans obtenir de résultat positif, et pourtant trois des lapins mis en expérience ont reçu plus de 80 c. c. du liquide en quarante ou quarante-quatre jours, soit une moyenne de 3 à 4 c. c. tous les deux jours.

Paralysies infectieuses avec poliomyélite. — Trois lapins inoculés en mars et en avril 1891 avec des cultures de bacterium coli commune, furent pris de somnolence et de diarrhée, perdirent 260 à 305 gr. de leur poids, puis semblèrent se rétablir. Mais bientôt le train postérieur commença à s'émacier et une paralysie se déclara vingt-huit à quarant-neuf jours après l'inoculation.

A l'autopsie, les organes étaient sains. La moelle seule présenta les altérations histologiques suivantes : au niveau de la substance grise, dans la région lombaire, de nombreuses cellules étaient modifiées. Quelques-unes avaient un protoplasma grenu, non teinté par les réactifs, et un noyau atrophié ou invisible. D'autres, en bien plus grand nombre, étaient atrophiées, ratatinées, réfringentes et vivement teintées. Elles ne possédaient point de noyau, ou n'étaient pourvues que de noyaux peu visibles, et la plupart de leurs prolongements avaient disparu. Leur atrophie était telle que sur certaines coupes leur nombre semblait notablement diminué et qu'elles se distinguaient difficilement au sein de la névroglie très granuleuse et anormalement colorée par le carmin.

Du rôle probable du bacille d'Escherich comme cause des paralysies intestinales et urinaires. — A la suite de ces expériences, rappelant que, d'une part, le bacille d'Escherich peut amener le développement d'entérites cholériformes ou dysentériformes (1), et dans ces conditions devenir capable de franchir les parois de l'intestin pour envahir l'organisme tout entier, que, d'autre part, il représente le grand agent des infections suppuratives des voies urinaires, nous émettions l'hypothèse que les *paralysies* dites *intestinales* ou *urinaires* pourraient bien relever de son action sur la moelle.

Tuberculose expérimentale du foie (2).

Chez douze lapins nous avons inoculé dans les *veines mésentériques* des cultures de tuberculose aviaire. Un certain nombre de ces animaux ont été sacrifiés au bout de un ou plusieurs jours, les autres abandonnés à eux-mêmes sont mort dans un intervalle de trois à cinq semaines. A l'autopsie, tous les organes étaient demeurés sains, sauf le foie et la rate.

Les bacilles s'étaient arrêtés en grand nombre dans les capillaires du foie, au voisinage des espaces portes. Ils avaient ainsi déterminé l'apparition de lésions tuberculeuses dont la topographie péri-lobulaire rappelait celle du carcinome hépatique secondaire. L'étude de la formation des tubercules chez les animaux sacrifiés, un, deux, trois et quatre jours après l'inoculation, a montré, qu'ils se constituaient aux dépens des cellules endothéliales vasculaires et des leucocytes.

L'absence de lésions dans la plupart des viscères montrait que le foie avait exercé une action de filtration très marquée sur les bacilles injectés dans la veine mésentérique, mais les altérations de la rate témoignaient de l'imperfection de cette filtration.

(1) XVIII.
(2) IX.

IMPRIMERIE LEMALE ET Cie, HAVRE

www.ingramcontent.com/pod-product-compliance
Ingram Content Group UK Ltd.
Pitfield, Milton Keynes, MK11 3LW, UK
UKHW020218180726
13838UKWH00005B/2074